# le petit livre vert

Citations rassemblées et éditées par Javier Prieto Santos
Coordination: Brieux Férot
Conception graphique: Cyrille Fourmy

ISBN: 978-2-9552900-2-6
Dépôt légal: avril 2016
www.so-lonely.fr

SO FOOT

# LE PETIT LIVRE VERT

## Anthologie de la parole footballistique

so lonely.

# Causerie

Généralement, une phrase se compose d'un verbe, d'un sujet, d'un complément. En football, c'est plus compliqué. D'abord, il faut gérer l'après-match. Cette sueur qui perle sur le front, le maillot qui gratte. Bref, reprendre son souffle pour mieux répondre à la question à la con que pose le journaliste, le fameux homme de terrain. C'est là que ça se complique. Debout, avec le panneau publicitaire dans son dos, tout se bouscule. Les chiffres et les mots, le score et les noms. Sous la pression du micro tendu, le footballeur se replie sur lui-même. Il bafouille en scrutant d'un regard fuyant une porte de sortie. Souvent, il s'accroche à son nez, à son oreille en plissant les yeux pour avoir l'air plus intelligent. Des mots deviennent alors des pièges qui composent des phrases ressemblant à des tiercés dans le désordre. Malgré la menace du sujet, verbe, complément, sous les huées des enfants prodiges, devant les micros du malheur, le footballeur se ridiculise, pour mieux dessiner chez ceux qui l'écoutent le visage du bonheur. Il y a dix ans le premier opus de ce *Petit Livre vert* avait bien failli s'appeler *L'angoisse du footballeur au moment de l'interview.* C'eut été se fourvoyer. Ce recueil est tout sauf un ramassis de sottises. Ou peut-être bien que oui, finalement.

"AUJOURD'HUI, PARLER DE LA SOCIÉTÉ SANS ÉVOQUER LE FOOT, C'EST UN PEU COMME ÉCRIRE SUR LES ANNÉES 30 SANS PARLER DU FASCISME OU DE LA GUERRE"

**David Trueba,** True Story

CONTRÔLÉ
D'IDENTITÉ

"L'équipe de France, c'était un choix de carrière, je ne le nie pas. J'ai choisi avec la tête, pas avec le cœur. La vérité, c'est que mon sang est argentin"

**David Trezeguet,** mauvais français

"George Weah est le joueur qui m'a le plus influencé dans ma jeunesse. Un vrai neuf. Africain, comme moi. Noir"

**Lassana Diarra,** Black Panther

"En gros, si je marque, je suis français, et si je ne marque pas, je suis arabe"

**Karim Benzema,** français tous les jours, algérien pour toujours

"Un vrai Français,
peut-être qu'il est même
pas français"

**Éric Abidal,** dans le doute

"Je me demande souvent:
*'Suis-je allemand ou français?'*"

**Franck Ribéry,** Ch'ti schleu

"Aujourd'hui, je me sens peut-être plus espagnol.
Je vis en Espagne depuis des années, ma copine
est espagnole, je parle à mon chien en espagnol,
je ressemble à un joueur espagnol"

**Antoine Griezmann,** Pyrénéen

"Je suis un descendant d'esclaves africains
déportés aux Antilles et ma mère, à l'école,
apprenait 'nos ancêtres les gaulois'...
Pour moi, ce n'est pas suffisant"

**Lilian Thuram,** Malcolm X

"Je suis italien comme un Chinois est chinois. Voilà tout"

**Mario Balotelli,** un Italiano vero

"Parfois, je me dis qu'en ayant été envahis par les Allemands, on serait mieux dirigés aujourd'hui"

**Emmanuel Petit,** en mode Deutsche Qualität

"Kopa a dû franciser son nom, renoncer à une partie de lui-même! Et pourtant, lui, il a galéré, il a travaillé dur dans les mines: c'est pas comme ces petits connards de banlieue qui ne font rien, se plaignent tout le temps et refusent de s'assimiler"

**Éric Zemmour,** Gargamel réactionnaire

"Je trouve artificiel de faire venir des joueurs de l'étranger et de les baptiser équipe de France"

**Jean-Marie Le Pen,** ex de Jeanne d'Arc

"C'est une équipe black-black-black
qui fait ricaner toute l'Europe"

**Alain Finkielkraut,** white trash

"France 98, le côté bleu-blanc-beur,
c'était déjà un leurre, tout le monde a
sauté dedans les pieds dans le plat..."

**Patrick Vieira,** le leurre et l'argent du leurre

"En France, j'avais découvert un plat
d'origine arabe. Le couscous, c'est ça?"

**Pedro Pedrucci,** les pieds dans la semoule

"Après tout, on n'en a pas voulu à Zizou de jouer
avec la France alors qu'il est Algérien"

**Saïd Taghmaoui,** la haine

"Moi, je boycotte le musée du quai Branly"

**Mamadou Sakho,** -Lanta

"J'aime la sensation d'être né et d'avoir grandi dans la plus belle ville du monde. Quand les joueurs des autres équipes viennent ici pour jouer contre la Roma, ils font toujours un tour de la ville dans un bus touristique. Vous avez certainement dû croiser des joueurs de Stuttgart, Liverpool, Göteborg, Manchester, Belgrade ou du Borussia Dortmund pendant leurs balades. J'ai joué contre certaines de ces équipes dans des matchs toujours très compliqués, limite violents. C'est en jouant face à eux que j'ai compris l'honnête milieu de terrain bulgare, le meneur de jeu ukrainien ou l'ailier moldave... Quand le match est fini, nous restons à Rome, et pas eux. Moi, je reste pour vivre ma vie à Rome, et toi, milieu de terrain du Borussia Mönchengladbach, tu dois retourner dans l'hiver gris de la Westfalia, à Mönchengladbach"

**Francesco Totti,** légionnaire

# Lost in translation

"Tony Adams, dans le vestiaire, prend la parole, et s'adresse à toute l'équipe. Moi je suis là, largué, je comprends rien, je perçois l'émotion, mais je me demande ce qu'il se passe. Il était en train de confier à l'équipe qu'il était alcoolique"

**Patrick Vieira,** Wall Street English

"J'ai eu du mal avec l'italien. Au début, je mettais que des 'a' et des 'o' partout. À Monza, le coach a dû mal me comprendre: j'ai dû dire *'attaquo'* et lui m'a dit *'banco'*. Banco, j'ai dû croire que c'était bon!"

**Patrice Évra,** totocalcio

## "C'est quoi une bar mitsvah?"

**Yohan Mollo,** candide

"Avec Camacho, c'est parfois difficile. J'ai des problèmes pour traduire ses consignes aux joueurs parce qu'il parle un espagnol très grossier. Par exemple, il n'existe pas d'équivalent à *'Courez, bande de cons'* en chinois..."

**Zhou Y,** traducteur de Camacho en Chine

EXIST
EN
TIALISME

"À 17 ans, je remplissais les étalages de bananes ou de pommes. Et je me rappelle que pendant que je faisais ça, je me disais que ça ne pouvait pas être ça, le sens de ma vie"

**Henrik Larsson,** Monty Python

"Quand un Français se met à parler de sardines, de mouettes et de chalutiers, on dit que c'est un philosophe. Si c'était moi, on dirait que je suis seulement un nabot écossais qui raconte des conneries"

**Gordon Strachan,** scot' toujours

"J'ai une question très sérieuse… Quand on utilise différents shampoings dans la semaine, ce n'est pas bon pour les cheveux, pas vrai?"

**Giuseppe Rossi,** hypocondriaque capillaire

"Vous me connaissez? M'avez-vous déjà parlé? Savez- vous ce que j'ai traversé dans ma vie? Vous m'avez seulement vu jouer sur un terrain de football. Alors fermez-la!"

**Mario Balotelli,** à bout

"Vous connaissez peut-être mon histoire: mon père adoptif, monsieur Desailly, qui était diplomate, me disait: *'Qu'est-ce que tu vas faire dans le football? Il n'y a rien dans le football. Tu vas courir après ton œuf?'*"

**Marcel Desailly,** grand coq

Parfois, les gens me disent: *'Excusez-moi, je ne comprends rien au football.'* Ça me choque. Comment c'est possible de ne rien comprendre au football?"

**Diego Forlan,** incrédule

"L'autre jour, il y a la chaîne Histoire qui m'appelle. Ils voulaient faire un truc sur l'affaire VA-OM... Il n'y a que ça dans l'histoire de France, sans déconner?"

**Jean-Pierre Bernès,** Alain Decaux énervé

"C'est mieux de mourir avec une flèche dans le cœur plutôt que plantée dans le cul"

**Germán "Mono" Burgos,** poète

"Tu sors de la banlieue, mais pour que la banlieue sorte de toi..."

**Thierry Henry,** philosophe

"Le football n'est que le reflet de la société. Pourquoi voudriez-vous que les joueurs de foot deviennent des gens sympas alors que chacun ne pense qu'à sa gueule? C'est la nouvelle génération, c'est comme ça, il faut l'accepter"

**Frank Lebœuf,** dans l'air du temps

"Qui était ce dénommé Raul pour se permettre de retirer à Butragueno son maillot du Real, ses titres dans les journaux et sa place dans le cœur des gens? Facile. Raul, c'était le temps qui passe"

**Emilio Butragueno,** ringardisé

"Je ne sais même pas à qui je m'adresse quand je prie. Dieu, je crois. Mais je ne demande rien"

**Mario Balotelli,** mystique contrarié

"L'équipe de France, c'est 500 000 balles par match, alors que l'Algérie, c'est 500 000 problèmes"

**Mustapha Dahleb,** tonton du bled

“Poser une question à un joueur juste après un match, c’est aussi vulgaire que poser une question à quelqu’un qui vient de chier”

**Benoît Poelvoorde,** so belge

“Honnêtement, je ne me suis jamais demandé d’où venait l’argent d’Abramovitch, je sais même pas comment s’appellent ses sociétés! Mais je lui dis merci...”

**Florent Malouda,** salarié insouciant

“Parfois, je vois des vidéos de mes matchs assis sur mon canapé et je pense: *‘C’était vraiment si moche?’*”

**Didier Drogba,** face à ses démons

“Sous quel prétexte n’aurions-nous qu’une seule vie? Et pourquoi cette vie?”

**Glenn Hoddle,** vers l’infini et l’au-delà

# BUSINESS CLASS

"On m'a fait un lavage de cerveau. On m'a dit: '*Tu récupères, tu passes.*' Donc je récupère et je passe. On m'a formaté! Moi je voudrais bien jouer un football olé olé, mais c'est pas possible. Le football, ce n'est plus du plaisir. C'est du business"

**Alou Diarra,** victime de la société

"Je ne suis pas un joueur qui fait rêver. Je me considère comme un ouvrier. Un ouvrier qui a très bien gagné sa vie d'ouvrier"

**Patrick Vieira,** CSP++

"Quand j'ai raté le penalty contre l'Espagne, lors du quart de finale de l'Euro 2008, toute ma vie a défilé devant mes yeux. Je me suis dit: '*Mon Dieu, je vais redevenir maçon*'"

**Antonio Di Natale,** Reynald Pedros italien

“Mes cousins, ils sont éboueurs, ils touchent 1900 euros par mois, c’est pas mal, j’aurais pu faire pareil, j’aurais rentré ma femme à la mairie, on jouerait au ballon le dimanche, ça serait bien”

**André-Pierre Gignac,** plein de regrets

La vie des socios est difficile. Il faut les comprendre: quand ce n’est pas la sœur qui fait le tapin, c’est la mère qui est toxico”

**Jesús Gil y Gil,** plein de pitié

“Je suis le père de mon fils quand il est à la maison, mais dès qu’il passe le seuil de la porte, ça devient mon gagne-pain. Ça ne me pose aucun problème de le voir comme ça”

**Neymar da Silva Santos,** père de, plein d’oseille

“J’attends de mes enfants qu’ils fassent leur vie plutôt qu’attendre l’héritage. Ce que j’ai gagné, c’est moi qui vais en profiter…”

**Laurent Blanc,** égoïste

Aujourd’hui, sans argent, tu ne fais plus rien dans le foot.

**Carlo Ancelotti,** néoréaliste italien

“Avec l’arrivée de Canal au PSG, c’était la première fois que je voyais qu’on payait des joueurs pour partir… C’était nouveau”

**Antoine Kombouaré,** décrypteur de tendance

"Brandão, c'est typiquement la carotte brésilienne. Tous les ans, y a un Brésilien qui vient nous prendre de l'oseille, à nous les Français"

**Thomas Ngijol,** patriote agacé

"Le football, c'est comme le marché de la viande. Les steaks argentins sont très bons, alors on les vend en Italie, avant de les exporter en Espagne ou en Angleterre. L'important, c'est de les vendre là où on en demande le plus. Tout le monde se fout du steak ou de savoir comment il va finir, la seule chose qui compte, c'est l'argent! Je trouve ça dégueulasse"

**Clarence Seedorf,** syndicaliste

"Je me rappelle du premier gars qu'on a fait venir à Portsmouth, qui venait de quelque part en Arabie saoudite. Il ressemblait au seul Arabe à ne pas avoir de pétrole dans son jardin"

**Harry Redknapp,** clairvoyant

"Ce n'est pas parce que mes parents ont réussi dans la vie que je me sens fils de bourges dans un sport populaire"

**Hugo Lloris,** good boy in the Hood

# Manger une pizza en regardant un match, c'est le paradis"

**Diego Simeone,** supporter de base

"Je gagne £82,000 par semaine, en travaillant trois heures par jours, mais la vie est dure quand tu es incapable de comprendre ta facture d'électricité"

**Hernan Crespo** et sa phobie administrative

"Ribéry a dû se dire:
*'Je gagne des millions, je vous baise'*"

**Booba,** gangsta rappeur

"Les joueurs devraient lire Karl Marx ; c'est le plus important: être solidaire et aider les pauvres"

**Oscar Niemeyer,** communiste

"Sven Goran Eriksson m'a dit un jour que les supporters étaient des travailleurs, c'est pour cela qu'ils aiment voir les joueurs fatigués"

**Clarence Seedorf,** sociologue

"Tout le monde est content quand le PSG perd. C'est normal, ça fait partie de la culture française"

**Ezequiel Lavezzi,** lucide

"T+T=T
(talent + technique = triomphe)"

**Jorge Valdano,** mathématicien

“Avant, je galérais pour m’acheter des Air Max. Maintenant, le poisson que je mange coûte ma paire d’Air Max. Alors que je vais le chier dans une heure”

**Souley Diawara,** just do it

“Ils m’ont pris pour un blédard ces imbéciles! Ils me disaient: *‘C’est trop cher pour vous ce costume’*. Je leur ai dit que le Noir, il pouvait acheter toute la boutique”

**Samuel Eto’o,** pretty woman

# “Le Real, c’est les Galacticos et nous, l’Atletico, on est les Merdicos”

**Jesus Gil,** madrilène d’en bas

# “Je suis pour Boca Juniors parce que je suis pauvre”

**Francis Ford Coppola,** hipster

# “Devenir entraîneur? Je n’avais pas envie de passer ma vie en survêtement”

**Gianni Rivera,** trop swag pour l’acrylique

# ZLATAN

IBRAHIMOVIC

**"Je suis comme Cassius Clay quand il annonçait qu'il allait battre son adversaires en quatre coups. Sauf que lui l'annonçait, et que moi, je le fais"**

Zlatan, sûr de lui

**"Je suis allé à gauche et il m'a suivi ; je suis allé à droite et il m'a suivi; je suis allé tout droit et là il est allé s'acheter un hot dog"**

Zlatan, content de lui

**"J'avoue que j'aime bien humilier mes adversaires. Pour moi, le football, c'est ça"**

Zlatan, provocateur

# "S'ils ont peur de moi, je suis content"

Zlatan, bad boy

## “Moi je suis Zlatan, mais vous, vous êtes qui, putain?

Zlatan, introduce himself

## “Ibra machin? Il ne m’a jamais impressionné. Je n’aime pas sa queue de cheval”

Louis Nicollin, exception culturelle française

## "Guardiola attendait de moi que je me comporte comme un gars normal. Mais je suis Zlatan: j'aime être différent"

Zlatan, think different

**"Regarde Bill Gates, il a combien d'argent? Eh bien quand je le vois, je ne sens pas le pouvoir. Alors que quand je vois Tony Montana, je vois très bien le pouvoir"**

Zlatan, amateur de street cred'
et de *Scarface*

---

**"Peu importe ce qui se dit ou s'écrit. Au PSG, il n'y a qu'un chef. C'est moi. Naturellement"**

Zlatan, premier degré

---

**"Finir deuxième, c'est comme terminer dernier. Dans cette liste, je devrais être numéro 1, 2, 3, 4 et 5"**

Zlatan, après avoir pris connaissance du classement des plus grands sportifs suédois de l'histoire

**“J’ai dit à Guardiola que j’étais une Ferrari et qu’il me conduisait comme une Fiat. Je lui ai crié: *‘Tu n’as pas de couilles.’* Et sûrement des choses pires que ça. À sa place, j’aurais eu peur”**

Zlatan, sous le capot

**"Tout le monde pense que c'est un type imbuvable, mais Ibrahimovic est le joueur le plus altruiste que j'ai connu"**

Carlo Ancelotti, fan de

**"Vous croyez qu'Ibra va venir au TFC si je lui file 100 millions? Bah non"**

Olivier Sadran, réaliste

"Chez moi, on ne connaissait pas l'éducation; seulement la violence. On ne disait pas: *'Trésor, tu pourrais s'il te plaît me passer le beurre?'* Mais plutôt: *'Bouge ton cul et va me chercher le lait, imbécile'*"

Zlatan, la mauvaise éducation

## “Je ne connais pas la Ligue 1 mais la Ligue 1 me connaît”

Zlatan, french touch

## “Je suis le Ibrahimovic reubeu...”

Moundir de Koh-Lanta, totem d'immunité

## “Zlatan, personne ne sait ce qu'il va faire. Et peut-être que lui non plus”

Werner Herzog, fan d'impro

M
O
U
RINHO

**"Je ne suis pas le meilleur du monde, mais je crois que personne n'est meilleur que moi"**

José Mourinho, modeste

"Il y a ceux qui sont payés pour se sauver, ceux qui sont payés pour se qualifier pour la Ligue des champions, ceux qui sont payés pour remporter la Serie B. Moi, je suis payé pour gagner"

José Mourinho, winner

**"J'ai un problème, je deviens meilleur dans tout ce que je fais"**

José Mourinho, emmerdé par son génie

**"Mourinho, il fait entrer un attaquant quand il est mené, et un défenseur quand il mène. Si c'est ça le football..."**

Zdenek Zeman, perplexe

"Le fait de porter des pulls en cachemire ne signifie pas pour autant qu'on se comporte comme un gentleman"

Franz Beckenbauer, à propos de José Mourinho

**"Ce n'est pas moi contre tout le monde, c'est tout le monde contre moi"**

José Mourinho, complotiste

"Il y a 40 ans, un entraîneur avec deux doigts d'intelligence et deux doigts de culture dominait intellectuellement et culturellement ses joueurs. Depuis, le monde a évolué"

José Mourinho, entraîneur 2.0

"Désormais, certains joueurs me disent *'José, regarde, ton fils arrive'* quand ils voient Mesut. D'autres me disent que mon vrai fils est beaucoup plus beau qu'Özil et que je n'aurai jamais un fils aussi moche que lui."

José Mourinho, généticien

**"Mourinho n'oserait jamais mettre son doigt dans l'œil du 'Cholo' Simeone parce que sinon, il se ferait casser le cul à coups de patates dans la foulée, et sans interruption"**

Viggo Mortensen, le seigneur de l'anneau

"Que ça plaise ou non, je suis le seul à avoir remporté les championnats anglais, italien et espagnol. Alors, au lieu de m'appeler 'The Special One', ils devraient m'appeler 'The Only One'"

José Mourinho, mégalo

# VU À LA TÉLÉ

# "Venez me la sucer!"

**Diego Maradona,** vulgaire,
après la qualification à l'arrache de l'Argentine au mondial 2010

# "Fermez vos gueules"

**Samir Nasri** aux plumitifs de *L'Équipe*
lors de l'Euro 2012

## "Va te faire enculer, va niquer ta mère, sale fils de pute! Va te faire enculer, comme ça tu pourras dire que je suis mal élevé"

**Samir Nasri,** grossier, le 23 Juin 2012
à un journaliste de l'AFP qui lui avait dit "casse-toi!"

"Ce sont les mêmes qui, s'ils sont pris en flagrant délit, vous disent qu'on ne les respecte pas!"

**Jean-Michel Larqué,** réac',
après La Marseillaise sifflée en 2007, lors du France-Maroc

"C'est une bonne chose que finalement ils rentrent à la maison parce que s'ils restaient une semaine de plus, ils se mangeaient entre eux. On a évité le cannibalisme"

**Éric Cantona,** commente l'après Knysna
sur France 2

"Le pape, je lui pisse au cul! Et vous, les journalistes, je vous pisse au cul aussi"

**Éric Cantona,** se soulage en 2001,
lors de l'émission *Côté Tribune*

“Je n’ai qu’un seul projet, c’est d’épouser Estelle”

**Raymond Domenech,** romantique, sur M6, le 17 juin 2008, après l’élimination des bleus de l’Euro 2008

“Les vuvuzelas sont aux oreilles ce que l’équipe de France est aux yeux”

**Mario Kempes,** à bout de nerfs

“On dit que l’Afrique du Sud ce n’est pas vraiment l’Afrique, en tout cas les puristes le disent”

**Frank Lebœuf,** puriste sur TF1

“Mon but contre
le Brésil au mondial 90
a été l’un des moments
les plus forts de ma vie.
Je l’ai souvent revu
avec des commentaires
espagnols, italiens et
brésiliens. La version
brésilienne est la
meilleure, parce que
tu sens que le mec qui
commente a envie de se
suicider à cause de moi”

**Claudio Caniggia,** sadique,
évoque son but contre le Brésil lors du mondial 90

“Ce match est un suppositoire dans le cul”

**Emmanuel Petit** rentre dans les annales de France Télévisions lors d’un Japon-Cameroun

“Give me the ball, you motherfucker”

**Kevin De Bruyne,** rouquin, à un ramasseur de balles

“J’aime bien Benjamin Linus dans *Lost*. Les personnages d’enculés dans les séries TV, c’est ce que je préfère, ça me rappelle le boulot”

**Pegguy Luyindula,** un air de déjà vu

# “Et ta mère, je la remets en question?”

**Aly Cissokho,** dur sur l'homme, sur Infosport, en avril 2011, en réponse à un supporter lyonnais qui lui demandait s'il pouvait remettre ses prestations en question

# “David James est surnommé Calamity James en référence à *Lucky Luke*”

**Christian Jeanpierre,** fatigué, sur TF1, lors du mondial 2010

"C'est bien 'papy Chrisma' qu'on dit, non? Comment ça, c'est 'papy Tresimas'??? Ah, ok, c'est 'Mary Christmas'… Mary, c'est le nom de mon chien. Mary! Mary! C'est un peu la honte d'écrire ça sur un gâteau…"

**Sergio 'Kun' Agüero,** calamiteux, lors d'un atelier pâtisserie organisé par Manchester City TV

"Il y a toujours un pied ghanéen qui empêche les Allemands de trouver la solution finale"

**Xavier Gravelaine,** inglorious bastard de France Télévisions, lors du match du mondial 2010, Allemagne-Ghana

# “LES GONES INVENTAIENT LE CINÉMA QUAND VOS PÈRES CREVAIENT DANS LES MINES”

**Banderole des supporters lyonnais à l’attention des fans des Verts, en 2000**

# “Pendant que vos pères inventaient le cinéma, les nôtres niquaient vos mères”

**Banderole des supporters parisiens à l’attention des Gones, une semaine après le derby Saint-Étienne-OL**

# LA MAIN DANS LE SHORT

“Il n’était ni galant, ni aimable, ni gentil”

**Zahia,** déçue à propos de Franck Ribéry

“On va condamner tous les gars qui vont voir des prostituées?”

**Laurent Blanc,** inquiet

“Moi, je peux dire *‘je me suis tapé une pute’*, personne ne m’en voudra. Parce que je suis comique et pas footballeur. Je me suis pas tapé de pute, ceci dit”

**Thomas NGijol,** comique prude

# “Je veux garder ma virilité. Je préfère les sangliers poilus aux Brésiliennes épilées”

**Pascal Olmeta,** le chasseur (presque) français

“Quand tu es jeune, la première fois que tu as l’impression qu’il y a un truc qui sent bon, c’est une femme”

**Joachim Löw,** smell like teen spirit

“Ingrid Betancourt, les dernières photos qu’on a vues, c’était pas trop ça. Après, si elle est douchée et peignée, faut voir”

**Nicolas Dieuze,** open

"Il y a deux choses que les hommes apprécient plus que tout: le football et les gros seins"

**Rio Ferdinand,** intello beauf

"On ne peut pas tomber amoureux d'une actrice porno parce qu'elle a connu plein d'autres hommes"

**Olivier Giroud,** monogame contrarié

"Les gardiens se tapent les filles les plus grosses et les plus moches"

**German 'Mono' Burgos,** lucide

"Quand t'es footballeur, t'as beau être vilain, les filles te trouve beau"

**Pancho Abardonado,** surpris

"Avec les filles, au début, je me disais: *'Je suis beau gosse.'* Mais à Sochaux, j'ai compris que si elles venaient vers moi et pas vers mes potes, c'est qu'elles sentent quand il y a de l'argent. Faut pas se voiler la face. Elles nous prennent pour des cons, on les prend pour des connes"

**Souleymane Diawara,** dent pour dent

"Le joueur pro a la côte auprès de la pouf de campagne en général. Quand t'arrives en Porsche au milieu des Golf Bon Jovi ça aide à faire bonne impression"

**Orelsan,** rappeur conscient

"Le football m'a tout donné, sans lui, par exemple, je n'aurais pas eu autant de relations sexuelles dans ma vie"

**Asprilla,** baiseur conscient

"Si je n'étais pas footeux, je crois que je serais vierge"

**Peter Crouch,** réaliste

"Le foot, c'est 90 minutes de pur plaisir, et je ne peux pas toujours dire ça du sexe"

**Salomon Kalou,** statisticien

"Des partouzes, j'en ai fait, oui. Mais je préférais motiver les participants et regarder les autres plutôt que de participer physiquement!"

**Romario,** voyeur

"Chacun baise sa femme comme il l'entend"

**Loulou Nicollin,** contre les diktats

"Les joueurs, on les empêche de sortir la nuit. Vous croyez que c'est normal? Alors eux, évidemment, ils se réunissent en cachette avec des copines philosophes ou alchimistes pour faire des messes basses et des parties hautes"

**Fernando Arrabal** et le cercle des poètes disparus

"Les épouses, c'est facile: j'en ai eu deux. Ce qui est difficile, c'est de compter les femmes avec lesquelles j'ai eu un enfant. J'en ai huit de six ou sept mères différentes, je ne sais plus..."

**Roberto Carlos,** donneur universel

"J'aime les femmes, j'aime les femmes, j'aime les femmes! On va pas commencer avec ces histoires de se casser le poignet juste parce que j'ai de l'affection pour mes joueurs"

**Diego Maradona,** Julio Iglesias argentin

“Dans le football, il y a des gays, des lesbiennes, des pédés, des gouines et des bites”

**Unai Emery,** sexologue

“Si t’as une bite de 25 centimètres sur le front, est-ce que tu la vois? Bah non, parce que t’as les couilles sur les yeux”

**Romain Hamouma,** opticien

“Souvent, les couilles qu’on a, ce sont celles qu’on a cachées dans son cul”

**Emmanuel Petit,** petit cachotier

"J'ai reçu un scénario dans lequel je devais jouer un Maghrébin qui se posait des questions sur sa sexualité, quelque chose comme ça. En tout cas, je crois bien qu'il était bi"

**Adil Rami,** espoir masculin. Ou quelque chose comme ça

"Que Claude sortait avec la fille de Coco, on le savait tous, sauf Coco. Il passait son temps à vanner Claude sur ses copines et comment il était membré. Quand il disait ça dans la douche, on baissait tous la tête..."

**Reynald Pedros,** complice gêné

"Le sexe avec Sven était aussi ennuyeux que le montage d'un meuble Ikea. J'aurais sûrement été plus comblée s'il m'avait proposé de monter une armoire avec lui"

**Ulrika Johnson,** maîtresse de Sven Goran Eriksson

"Quand j'étais gamin. Je prenais les Barbies de ma soeur pour les déshabiller. On l'a tous fait"

**Adil Rami,** précoce

"Un jour, un type est venu vers moi en boîte et m'a dit: *'Je peux te toucher? Tu es un spermatozoïde de Dieu'*"

**Dalma Maradona,** fille de D10S

"Le Viagra, ça fait saigner du nez"

**Ronaldo,** sanguin

# MESSI

# “Je ne suis pas un suceur de ballons”

Lionel Messi, menteur

“Messi, je ne l’oblige pas à suivre mes conseils, parce que la prochaine fois qu’il va dribbler vers la gauche et mettre une bombe dans les cages adverses, il va venir me dire: *‘Maradona, va chier, pauvre con!’*”

Diego Maradona, vieux con

## "Il est plus facile de joindre Obama au téléphone que Leo"

Diego Maradona, fatigué des répondeurs

## “Je n’aime pas raconter ma vie aux autres. Que voulez-vous que je leur dise?”

Lionel Messi, mystérieux

---

## “Quand j’ai vu Mickey et qu’il m’a parlé, j’ai failli chialer. C’est le héros de mon enfance, et mon rêve, c’était de pouvoir le connaître un jour ou l’autre. C’est l’un des plus beaux jours de ma vie...”

Lionel Messi, navrant

---

## “Heureusement que Messi existe”

Johan Cruyff, in the sky with diamonds

**“Messi, on en reparlera quand il aura gagné trois coupes du monde et marqué 1283 buts”**

Pelé, qui n'a pas pris ses cachets

**“Le seul qui est un peu plus fort que moi, c'est Messi”**

Balotelli, perdu dans la quatrième dimension

**"Avec Messi, le plan b, c'est de sortir un fusil et lui vider ton chargeur dessus"**

Mauricio Pochettino, stratège

“Je n’aime pas séparer une zone ou un footballeur dans ce que j’appelle un contexte d’équipe. Le jeu est une perspective sociale pour ne pas dissocier des choses qui ne sont pas indissociables. Dans la vie comme dans le football, il est très difficile de s’attribuer une relation personnelle de la cause à l’effet, car ce même effet prend rapidement l’ascendant sur la cause. C’est la raison pour laquelle nous ne pouvons pas tomber dans des réductions individualistes. Messi, par exemple, a beaucoup progressé dans sa forme transcendante de jouer des ballons intranscendants. Il nous rappelle que pour comprendre le conjoncturel, il faut avant tout définir convenablement le structurel. C’est en cela qu’il est le meilleur du monde”

**Juan Manuel Lillo,** adepte de la branlette intellectuelle

# “Le football est un sport simple, rendu compliqué par des gens qui n’y connaissent rien”

**Bill Shankly,** pas fan de la branlette intellectuelle

# Philo-sophie de jeu

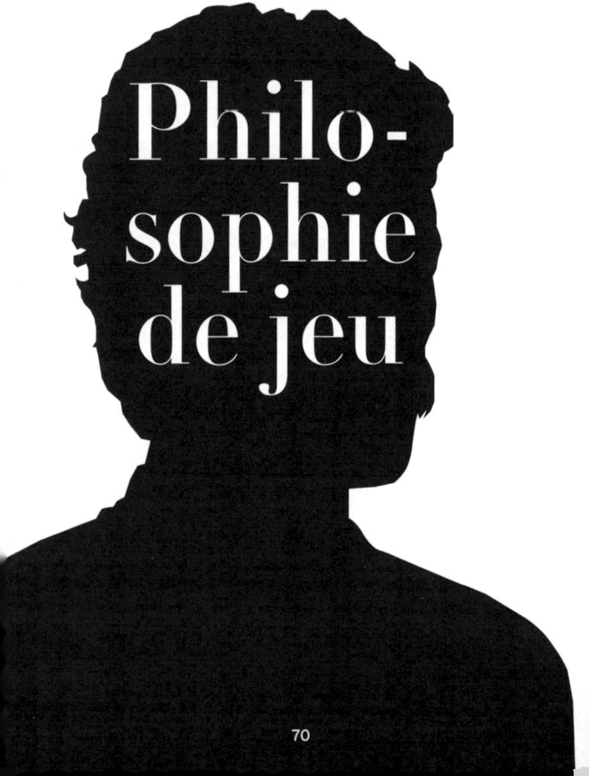

# “En France, on joue avec la tête baissée”

**Javier Pastore,** confiture pour les cochons

# “À un moment, on s’en branle de la philosophie de jeu”

**Laurent Blanc,** rebelle

## “C’est quoi une identité de jeu? Est-ce qu’il y a eu un vrai style de jeu ‘équipe de France’? Je ne pense pas”

**Raymond Domenech,** entraîneur sans trophées

"En 98, ils avaient besoin de Jacquet, un type qui leur dit des trucs de blaireau puisqu'ils ne sont perméables qu'à des raisonnements de blaireaux"

**Jean-Louis Murat,** artiste engagé

"À un moment, le grand truc du foot français, c'était qu'il fallait 'mouiller le maillot'. Maintenant, on doit 'gagner les duels'. Tu parles d'une philosophie a la con! Les milieux de terrain de Barcelone, ils ne gagnent pas beaucoup de duels, puisque l'adversaire ne voit jamais le ballon! C'est ça, le foot!"

**Michel Platini,** que des numéros 10 dans sa team

"Moi le foot, c'est plutôt le majeur en l'air"

**Ryad Sattouf,** hooligan

# “En Argentine, le football ne se joue pas, il se bagarre”

**Carlos Bianchi,** entraîneur de boxe

“En Angleterre, il y a la culture du travail, en Italie, celle du résultat. C’est pour cela que l’Italie est en retard”

**Rafael Benitez,** analyste

“Ça m’a toujours semblé une stupidité que de devoir choisir entre bien jouer ou gagner. C’est comme de demander ce qu’on préfère: un bon imbécile ou un mauvais fils de pute?”

**Jorge Valdano,** philosophe

"Cruyff, c'est une façon moderne d'avoir les cheveux longs. À 15 ans, je ne sais pas ce que c'est, le football total. Mais là, tu vois un joueur qui est partout et nulle part. Enfin, surtout partout"

**Michel Platini,** groupie

"Je joue au football pour les gens. J'aime l'idée qu'ils disent *'on a gagné'* au lieu de *'ils ont gagné'*"

**Fernando Torres,** attaquant collectif

"Le Barça me fait penser aux films de cow-boys de mon époque: ils gagnent toujours à la fin. Franchement, je ne vois pas l'intérêt"

**Carlos Bianchi,** pro-indiens

"Le grand mal du foot aujourd'hui, c'est qu'il y a plein de passes où on sait déjà ce que ça va donner, c'est du handball, pas du football, il n'y a pas de passes camouflées"

**Coco Suaudeau,** emmerdé

"Un jour, nous finirons par jouer comme le Barça et on se désespérera de voir nos joueurs se faire des passes sur la ligne de but au lieu de marquer"

**Franz Beckenbauer,** recul-frein

"Le football c'est trois choses: le temps, l'espace et la tromperie. Mais on ne sait plus jouer avec le temps, on ne recherche plus les espaces et jamais on ne me mystifie. Je m'ennuie tellement que j'ai l'impression que ce qu'ils appellent football est autre chose"

**César Luis Menotti,** puriste dépité

# PEP

“Cruyff a inventé la formule Barça, mais il a fallu attendre Guardiola pour mettre une méthode derrière la formule”

Jorge Valdano, décrypteur de tendance

"Guardiola a fait quelque chose d'exceptionnel: il a inventé"

Fabio Capello, émerveillé

"Guardiola a assassiné le camp d'en face"

César Luis Menotti se réjouit d'un génocide

**“On vit dans un monde où si tu gagnes tu es bon et si tu perds, tant pis si tu as essayé, peu importe que tu ales eu le ballon, que l’équipe ait été parfaitement organisée, on dit que c’est un fiasco. Moi, je le vois d’une autre façon”**

Pep Guardiola, à part

**"Guardiola ressemble à un personnage d'un film de Howard Hawks. Il ne s'attend pas à des félicitations ou des critiques"**

David Trueba, fan de western

**“Ce n’est pas bientôt fini, cette tactique de merde?”**

Thomas Müller furieux contre Guardiola

**“Le problème de Guardiola, c’est qu’il veut toujours être parfait. Mais Tiger Woods aussi voulait être parfait…”**

Zlatan Ibrahimovic, plus que parfait

**“J’ai fini par me fatiguer de moi-même”**

Pep Guardiola, autocritique

**“Mourinho, c’est le putain de boss!”**

Pep Guardiola, atteint du syndrome de Stockholm

# "Je préfère que la Lazio et la Roma perdent plutôt qu'elles gagnent toutes les deux parce que, comme ça au moins, la Roma perd. La défaite de l'adversaire a beaucoup plus de goût que la victoire de son équipe"

**Alessandro Piperno,** un Romain qui a tout compris

# “Ce jeu a à voir avec l’histoire des gentils et des méchants. Pour profiter du football dans sa plénitude, il faut aimer une équipe et en détester un peu une autre”

**Jorge Valdano,** un Argentin qui a tout compris

# Riberisme

"Au niveau des sensations, je n'ai rien ressenti"

**Franck Ribéry,** insensible

"On est des joueurs qu'on va vite avec le ballon!"

**Franck Ribéry,** il est un joueur qui va vite avec les jambes

"C'est vrai qu'on vient de jouer contre une équipe qui sont vraiment très forte"

**Franck Ribéry,** en attente d'une place à l'Académie française

"Maintenant, il faudra faire avec sans Zizou"

**Franck Ribéry,** héritier

"C'est beau
ce stade Vélodrome
qui est toujours plein
à domicile
comme à l'extérieur"

**Franck Ribéry,** rempli de bonheur

"Je pense
qu'on
espère qu'on
va gagner!"

**Franck Ribéry,** winner

# “Inconsciemment, il faut pas s’endormir”

**Franck Ribéry,** marchand de sommeil

# “On a dur, franchement, on a dur”

**Franck Ribéry,** tout dur

# “Les Tongolais”

**Franck Ribéry,** à propos des Togolais, lors du Mondial 2006

# “J’ai couru jusqu’à quand ce que je pouvais”

**Franck Ribéry,** dératé

CRISTIANO
RONALDO

# CR7

**"Quelqu'un peut m'expliquer pourquoi les gens veulent tous m'embrasser lorsque je descends d'un avion et qu'ensuite ils passent leur temps à m'insulter quand ils sont en tribune?"**

Cristiano Ronaldo, songeur

**"C'est parce que je suis riche, beau et que je suis un grand joueur qu'on me siffle. Les gens sont jaloux de moi. Je ne vois aucune autre explication"**

Cristiano Ronaldo, arrogant

**"J'aime bien que les gens me sifflent. La haine des autres, c'est mon moteur"**

Cristiano Ronaldo, V6 injection

"Si Cristiano Ronaldo se blesse, il faut l'abattre et le vendre au prix de la viande"

Charb, #JeSuisPasRonaldo

"Si je devais comparer le membre de Ronaldo à une pizza, ce serait une pizza familiale. Il y a à boire et à manger pour tout le monde"

Naya, rencontre gourmande d'un soir de 2009 à Madrid

“Ce que je regarde en premier chez une femme, c’est son cœur. Au fond de moi, je suis un romantique, mais personne ne me croit”

Cristiano Ronaldo, cardiologue

# GROS MELONS

"Tu ne peux pas parler de football au Sénégal sans parler d'El Hadji Diouf. C'est comme si tu voulais comprendre l'histoire de France sans parler de De Gaulle"

**El Hadji Diouf,** Alain Delon sénégalais

"J'adore Ronnie, il est là (il place un doigt au-dessus de sa tête) mais il faut qu'on sache que Samuel, il est là (il place un autre doigt dix centimètres au-dessus du premier)"

**Samuel Eto'o,** Alain Delon camerounais

"Si Cruyff était un excellent coach, c'est surtout parce qu'il avait Hristo Stoitchkov dans son équipe"

**Hristo Stoitchkov,** Alain Delon bulgare

"À chaque époque, il y a une vraie révolution dans le jeu. Quelqu'un doit être l'initiateur de cette révolution: moi! Je suis le Che Guevara du football moderne. Si j'atteins mes objectifs, je marquerai le début d'une nouvelle ère du football"

**Sergio Aguero,** guérillero

# "Dans 50 ans on parlera encore de moi"

**David Villa,** dans la légende

"Je voyais les gens qui revenaient de Paris, bien sapé, bien ceci, mais moi, je me disais: Samuel, avec ton football, quand tu reviendras, il y aura des gens qui se coucheront de l'aéroport jusqu'à chez toi pour que tu marches sur eux"

**Samuel Eto'o,** indomptable égo

"Seule Björk est plus connue que moi en Islande"

**Eidur Gudjonhsen,** ravi

"Dieu ne peut pas manger avec des couverts en or. Mais moi, oui"

**Hristo Stoitchkov,** Tout-Puissant

"Louis van Gaal est un très bon coach. Mais son problème, c'est qu'il se prend non pas pour Dieu, mais pour le père de Dieu"

**Uli Hoeness,** ancien patron du père de Dieu

# FASTES & FURIEUX

# “Je vais courir comme un Noir pour gagner comme un Blanc”

**Samuel Eto’o,** gris

“Si mon quad n’est pas chargé dans la soute, personne ne monte dans l’avion”

**Samuel Eto’o,** blanc

“L’Antillais aime bien avoir le plus gros son dans sa caisse, les plus belles jantes”

**Frédéric Piquionne,** raciste

"Je pense être le seul footballeur au monde qui ne s'intéresse pas aux voitures. J'ai ma Lancia Y, elle roule, ça me suffit"

**Gianluigi Buffon,** petite cylindrée

"Les journaux écrivent sur les voitures de sport que tu as, mais pas que tu prends un utilitaire pour aller à l'église avec ta mère..."

**Mario Balotelli,** amateur de Kangoo

"Quand je suis revenu pour la première fois chez mes parents avec un coupé Mercedes, j'étais gêné"

**Alessandro Del Piero,** humble

"Quand j'étais joueur, j'ai acheté un tank de l'armée. Je l'ai conduit une ou deux fois dans les champs, pour le tester, puis je m'en suis débarrassé"

**Trifon Ivanov,** gros déconneur

"Je sais qu'un Hummer c'est grand et que moi je suis petit"

**Mathieu Valbuena,** un petit bonhomme dans la grande ville

“Une femme
au volant,
c’est une bombe
à retardement.
Elles sont tellement
imprévisibles
qu’il faudrait leur
construire des
autoroutes qui leur
soient uniquement
réservées… Je ne
suis pas machiste,
juste objectif”

**Andreï Archavine,** macho russe

“Toutes les semaines, ça m’énerve d’aller faire le plein. La mafia du pétrole prend mon argent pour l’investir dans des footballeurs. Je déteste vraiment ça, et j’inclus monsieur Abramovitch là-dedans”

**Uli Hoeness,** consommateur exigeant

“Je n’ai aucun point commun avec Ribéry. On ne parle pas à une brouette, on la pousse”

**Dodo la Saumure,** éleveur de belles plantes

“Quand tu es riche, tu es rempli d’orgueil d’avoir une Rolls Royce. Quand tu es pauvre, tu es content d’avoir une Renault”

**Éric Cantona,** cylindré

“Moi, je n’ai rien demandé! Je voulais juste être chauffeur livreur”

**Zinedine Zidane,** ambitieux

“J’ai dépensé beaucoup d’argent dans les voitures, dans l’alcool et dans les femmes. Le reste je l’ai gaspillé”

**George Best,** jouisseur

# George BEST

**"Si le football peut être considéré comme un art, j'étais un artiste"**

George Best, cantonesque

**"J'ai toujours eu cette obsession: être plus fort que les autres. Partout et tout le temps. Sur le terrain, au bar, avec les filles, pour les fringues..."**

George Best, perfectionniste

"Si j'avais eu le choix entre enfoncer quatre défenseurs de Liverpool puis planter un but dans la lucarne et en caser un dans les cages de Miss Monde, j'aurais eu du mal à me décider. Par chance, les deux me sont arrivés"

George Best, carton plein

**"J'ai connu Miss Canada, puis Miss UK, puis Miss Monde. Ma vie, finalement, est assez monotone..."**

George Best, blasé

---

"On dit que je suis sorti avec sept Miss Monde. Ce n'est pas vrai, il n'y en avait que quatre. Pour les trois autres, je ne suis pas allé au rendez-vous"

George Best, goujat

---

"La presse ment beaucoup. Elle a dit que j'avais couché avec 200 femmes différentes. En fait, elles étaient 100 !"

George Best, modeste

“Un jour, une superbe blonde a sonné à la porte: *‘Ma voiture est tombée en panne juste devant chez vous, puis-je appeler SOS Dépannage?’* C’était un tel canon que je n’ai pas hésité. Avant que le garagiste n’arrive, j’avais pu lui soulever le capot et vérifier les branchements sur le tapis du salon...”

George Best, garagiste

---

**“J’avais une maison au bord de la mer. Mais pour aller à la plage, il fallait passer devant un bar. Je n’ai jamais vu la mer”**

George Best, philosophe de comptoir

Qui
Evra,
verra

## “ Il faut qu’on tire tous dans le même bateau”

Patrice Évra, en plein team building

## “Michel Fernandel je lui ai fait visiter Old Trafford en 2008, il était comme à Euro Disney. Quand on lui a donné les clés du Paris Saint-Germain, à part sucer des Chupa Chups et danser la Macarena au bord du terrain, qu’est-ce qu’il a fait ?”

Patrice Évra vs Luis Fernandez

## “Comment il s’appelle l’autre, Tournevis, là ? Rolland Tournevis...”

Patrice Évra vs Rolland Courbis

"Il ne suffit pas de se balader avec des livres sur l'esclavage, des lunettes et un chapeau pour devenir Malcolm X"

Patrice Évra vs Lilian Thuram

"Pierre Menès, j'espère bien le choper. Parce que lui, le jour où il arrivera à faire huit jongles, j'arrête ma carrière"

Patrice Évra vs Feu Vert

"En Italie, ils ont une sale manière d'appeler les gens de couleur 'nero', même si ce n'est pas une insulte... Moi, chaque gars que je croisais, je l'appelais 'bianco'"

Patrice Évra vs les couleurs primaires

**"Je pense qu'en France, on aime bien être le pays du deuxième"**

Patrice Évra vs Poulidor

**"J'ai été interdit de la liberté d'expression"**

Patrice Évra, bâillonné.

**"J'ai fait mon rôle"**

Patrice Évra vs les ribérismes

**"Je m'aime tout le temps. Je ne vais pas commencer à critiquer ma personne. Le Pat de 2010 et le Pat de 2014, je les kiffe tous les deux"**

Patrice Évra, amoureux de Pat

# “IL EST TELLEMENT MIGNON QUE JE NE SAIS PAS SI JE DOIS LE TITULARISER OU LE BAISER”

**Harry Redknapp,** hésitant, évoquant le jeune portugais Dany

# “MOI LES PIEDS, C’EST PAS DU TOUT MON TRUC. JE SUIS PAS GEORGES TRON”

**Fabrice Éboué,** sûr de sa sexualité

# IDIOT ISMES

"Schweini on lui a soufflé trop de sucre en poudre dans le cul"

**Uli Hoeness,** coké

"Il ne faut pas brûler la peau de l'ours avant de l'avoir vendue"

**Abdeslam Ouaddou,** la charrue avant les boeufs

"On a perdu parce qu'on n'a pas gagné"

**Ronaldo,** logique

"Archavine, quand il est arrivé à Arsenal, on aurait dit Mychkine, *L'Idiot* de Dostoïevski: petit, râblé, avec ce visage poupin. Mais il est génial"

**Stephen Frears,** fan de littérature russe

"Cela m'est égal de perdre tous les matchs si on est champion à la fin"

**Mark Viduka,** CQFD

# “Je désire vraiment que mon fils Brooklyn soit christianisé, mais je ne sais pas encore dans quelle religion”

**David Beckham,** impénétrable

“En CE2, au bout d’un mois, l’instituteur va voir mon père: *‘Le petit Tony, on va le remettre en CE1.’* J’avais honte. Tu imagines, en cours d’année, redescendre d’une classe”

**Tony Vairelles,** allergique à la relégation

"Je n'ai jamais pensé quitter le Nord de l'Angleterre. J'espère y vivre jusqu'à la fin de mes jours, et même après"

**Alan Shearer,** immortel

"Je ne parle pas à la presse, je ne parle qu'à la radio"

**Samuel Eto'o,** élitiste

"J'ai eu beaucoup de mal à m'adapter à l'Italie, c'était comme vivre à l'étranger"

**Ian Rush,** kafkaïen

"Mes parents ont toujours été là pour moi depuis que j'ai sept ans"

**David Beckham,** la mémoire courte

"J'ai posé la question à mes fils: *'Vous savez que votre père n'est jamais tombé à vélo?' 'T'étais vachement fort'*, répondent-ils, et je leur dis: *'Non, c'est juste que je n'ai jamais eu de vélo'*"

**Michel,** gros malin

"Je respecte l'homophobie. Je respecte les gens qui font cela, il s'agit d'êtres humains et il faut les respecter"

**Francesco Totti,** homophobe, ou un truc comme ça

"Il pensait pouvoir sécher ses chaussettes dans le micro-ondes, mais finalement il a dû s'entraîner sans elles. Je suis content parce qu'il a réussi à dissiper les idées reçues qui veulent que les footballeurs soient totalement idiots"

**Alex Inglethorpe,** rassuré

# Cruyff ismes

**“Chaque inconvénient à son avantage”**

Johan Cruyff, le ying et le yang

**“J’adore travailler, mais seulement le travail que j’aime faire”**

Johan Cruyff, adepte du tri séléctif

**“Il vaut mieux perdre avec ses idées qu’avec celles d’un autre”**

Johan Cruyff, cohérent

**“Parfois, quelque chose doit arriver avant que ça arrive”**

Johan Cruyff, oracle

**“Tu dois savoir ce que tu ne sais pas faire”**

Johan Cruyff, cérébral

**“Je ne crois pas parce que je ne suis pas croyant. Je crois qu’il y a quelque chose quelque part, mais je crois uniquement en ce que je crois qu’il y a quelque chose quelque part”**

Johan Cruyff, mystique. Ou quelque chose comme ça

**“Si celui qui commande est faible, les autres seront encore plus faibles”**

Johan Cruyff, l'effet papillon

**“Quatre derrière et quatre au milieu, ça ne peut pas marcher, parce que les triangles disparaissent”**

Johan Cruyff, mathématique

**“Je suis contre tout jusqu’au moment où je prends une décision, dans ce cas-là, je suis pour. Ça me paraît logique”**

Johan Cruyff, cartésien

**“Ne cours pas le sifflet à la bouche. Garde-le dans ta main, comme ça tu auras plus de temps pour réfléchir avant de siffler”**

Johan Cruyff, pratique

**“Ce qui est difficile dans un match facile, c’est de réussir à faire mal jouer un adversaire mauvais”**

Johan Cruyff, penseur

**“Avant de faire une erreur, ne la fais pas”**

Johan Cruyff, toujours un coup d'avance

**“Je ne fais presque jamais d’erreurs parce que j’ai beaucoup de mal à me tromper”**

Johan Cruyff, génie malgré lui

**“La solution qui paraît la plus facile est toujours la plus facile”**

Johan Cruyff, prudent

**“Si j’avais voulu que tu me comprennes, je me serais mieux expliqué”**

Johan Cruyff, entraîneur

**“L’espagnol est une langue facile parce qu’on l’écrit comme on la prononce. Même si je ne sais pas l’écrire”**

Johan Cruyff, #DonQuichotte

**“Je parle mieux l’espagnol que n’importe quel Hollandais. Mais je parle un moins bon espagnol que n’importe quel Espagnol”**

Johan Cruyff, bilingue. Ou presque

---

**“La coïncidence est logique”**

Johan Cruyff. Vous avez deux heures

---

**“Au royaume des aveugles, le borgne est roi. Mais il reste borgne”**

Johan Cruyff, roi de la cour des miracles

# MUSIC MAKES ME LOSE CONTROL

"Si je n'avais pas été footballeur, j'aurais bien aimé être chanteur de rock. Mais je crois surtout que j'aurais fini au chômage"

**Wayne Rooney,** heureux footballeur

"Un entraînement du Barça, c'est la chose la plus belle que j'ai vue de ma vie. C'est encore plus fort que les matchs officiels. Tu n'entends que le bruit du ballon. Tac, tac, tac..."

**Cesc Fabregas,** puriste

"Jay-Z, j'adore! C'est motivant d'écouter ses chansons avant les matchs, et puis je dois dire que j'ai aussi un gros faible pour les Spice Girls, et je ne dis pas ça parce que ma femme en faisait partie, mais parce que je pense que ces filles ont révolutionné la musique"

**David Beckham,** mélomane

"J'écoute de tout, mais ce que je préfère, c'est la pop. Pour moi, Phil Collins, George Michael, Elton John et Freddy Mercury des Queen sont des génies"

**Cristiano Ronaldo,** *dancing queen*

"Bakary Sagna est ma nouvelle idole"

**Rod Stewart,** en pleine montée

"Si Pelé est le Beethoven du foot, alors moi j'en suis le Ron Wood, le Keith Richards et le Bono. Les trois réunis"

**Diego Maradona,** idole compétitive

"Mourinho me ressemble un peu: il est vulnérable et c'est ce qui le rend particulièrement humain"

**Julio Iglesias,** *latin lover* sensible

# "Joyeux anniversaire tête de bite"

Dédicace de **Noel Gallagher** sur la guitare de Gary Neville, le jour de son anniversaire

"Sur un terrain, Ronaldinho fait autant la promotion de notre mixité raciale que de la capoeira, de notre joie de vivre que de notre talent. C'est le Brésil à lui tout seul"

**Seu Jorge,** guide touristique

"Pour plaire au plus grand nombre, il faut être sans odeur, sans poils: c'est le Neverland de Michael Jackson. C'est Beckham et sa tête de tarlouze… Je me demande d'ailleurs comment il fait jouir sa femme. Tous ces mecs ont dévirilisé le jeu"

**Jean-Louis Murat,** chanteur du terroir

"Quand je vois que Zidane ne trouve rien d'autre à faire que d'aller au Bangladesh ou parler de la sécurité routière, ça me gonfle"

**JoeyStarr,** béni non-non

"Rummenigge, c'est un enculé du foot. Peu importe son visage, peu importe son nom, c'était un Allemand, un guerrier, il était là pour baiser la France"

**Doc Gyneco,** en consultation

"90 B ou Boney M? 90 B, sans trop savoir ce que je suis en train de dire"

**Alain Giresse,** amateur de gros bonnet

"Je ne supporte pas la gueule de Rooney. Même avec ses implants en poils de chatte sur la tête"

**Noel Gallagher,** adepte du rasoir

"Je ne pense pas que *Dancing Queen* d'ABBA soit la chanson idéale pour motiver un vestiaire"

**Roy Keane,** pisse-vinaigre

# SEPP BLATTER

# "Il n'y a pas de corruption dans le football"

**Sepp Blatter,** méthode Coué

# "Il n'y a pas de racisme dans le football"

**Sepp Blatter,** MDR

"Joseph Blatter a fait un travail considérable pour le football mondial. Sa contribution dans le domaine humanitaire est colossale. (...) Voilà la personne à qui il faut donner le prix Nobel de la paix"

**Vladimir Poutine,** pacifiste

“Je pense que les supporters homosexuels devraient juste s’abstenir de toute activité sexuelle au mondial qatari”

**Sepp Blatter,** PTDR

“Pourquoi ne pas habiller les joueuses avec des tenues plus féminines, comme celles du volley? Elles pourraient, par exemple, avoir des shorts plus serrés...”

**Sepp Blatter,** sous Viagra

“Je ne peux pas surveiller tout le monde”

**Sepp Blatter,** ministre de l’Intérieur

"Quelle logique justifie qu'un homme d'une vingtaine d'années demande à gagner en un mois une somme que son propre père et la majorité de ses supporteurs ne pourraient pas espérer gagner en dix ans?"

**Sepp Blatter,** jaloux

"Les critiques coulent sur moi comme l'eau chaude sur la cuisse de Jupiter"

**Sepp Blatter,** soucis-proof

"Je suis comme une chèvre des montagnes. Je continue d'avancer, on ne peut pas m'arrêter"

**Sepp Blatter,** bouc émissaire

# “FILMER UN VESTIAIRE, C’EST AUSSI OBSCÈNE QUE FILMER SA MÈRE EN DOUCE DANS LA SALLE DE BAIN ! MÊME APRÈS LE MATCH, ÇA ME GÊNE...”

**Guy Roux,** pudique

“Quand Guy Roux est arrivé sous la douche, je me suis dit: *‘C’est pas possible, il ne va pas le faire!’* Mais si… Je n’y croyais pas. Pour moi, c’était comme imaginer mon père se laver avec moi…”

**Bonaventure Kalou,** pudique

# MENACE TO SOCIETY

"Si vous êtes trop mou avec les joueurs, vous ne serez pas en mesure d'atteindre vos objectifs. Vous avez besoin de la peur"

**Sir Alex Ferguson,** tyran

"Avec la démocratie, dans un club de foot, vous n'allez nulle part"

**Roy Hodgson,** dictateur

"Je possède des dizaines de biographies sur Mussolini. Je pense que c'était une personne profondément incomprise [...] et [qui] a fait beaucoup de bonnes choses"

**Paolo Di Canio,** fasciste

"Je ne suis pas un partisan d'Hitler, mais je trouve ridicule qu'on s'arrête à un bras levé. Tout ça, ce sont des détails"…

**Pavel Horvath,** inconscient

"Gamin, je souffrais car chaque fois que les Allemands rencontraient les Français, on perdait. En Alsace, on a quand même été élevés dans la haine de l'Allemand"

**Arsène Wenger,** traumatisé

"Il y a des entraîneurs, comme Dunga, qui font plus de mal que la guerre de 14"

**César Luis Menotti,** poilu argentin

“Oui, j’ai tapé un homme, et j’ai continué à lui donner des coups alors qu’il était à terre. Mais je ne regrette pas, ce jour-là, je me suis senti faire partie d’un groupe”

**Paolo Di Canio,** mauvais esprit collectif

“Un des premiers entraînements avec Lille, des skinheads à deux balles m’ont fait: *‘Ouais toi t’es un Parisien, enculé.’* Je leur ai répondu: *‘Va niquer tes cheveux’*”

**Pascal Nouma,** antifa

“Faire des oids et chanter *‘Marseillais va niquer ta mère’*, ça fait partie du jeu. Si ça, c’est être violent et agressif envers les Marseillais, il faut rester chez soi”

**Nicolas Duvauchelle,** droit au but

"Les spectateurs du foot sont désormais comme le public dans les émissions d'Arthur. Ils font la claque. Plus personne ne se soucie de leur sort. J'espère qu'un jour tout cela s'effondrera. Que les gens n'iront plus au stade et que les audiences télé chuteront"

**Philippe Seguin,** écœuré

"Ceux qui passent leurs journées à regarder de la télé de merde et qui gâchent cinq heures quotidiennes de leur temps à regarder du football me font vomir. Ces gens-là doivent-ils conserver leur droit de vote? Non. Selon les critères de ces décérébrés, *Don Quichotte* serait une merde et les autres classiques de la littérature aussi. On vit dans un monde de débiles, fait par et pour des débiles. C'est choquant"

**Fernando Sanchez Drago,** outré

“Pour moi, quand un mec dit *‘je vais chercher un môme de 14 ans, j’en fais une bombe’*, excuse-moi, ça fait négrier”

**Benoît Poelvoorde,** choqué

“Si on l’envoyait pour mettre fin au conflit israélo-palestinien, la guerre ne s’arrêterait pas, mais les soldats des deux camps auraient un meilleur contrat”

**Carlos Osorio de Castro,** avocat de Jorge Mendes

“J’adore le côté procédurier des Anglais. Je vous assure que si je devais partir en guerre, je préférerais que ce soit avec des Anglais, plutôt qu’avec des Italiens”

**Carlo Ancelotti,** déserteur

"De Gaulle, ce qui me plaît chez lui, c'est qu'il m'a empêché de faire la guerre d'Algérie… Pfffffhh… Je suis patriote, je suis tout, mais aller se faire flinguer par les fellouzes, ça m'aurait fait chier quand même!"

**Loulou Nicollin,** soldat de plomb

"David Luiz joue comme si son cerveau était contrôlé par un enfant de 10 ans à la Playstation"

**Gary Neville,** jaloux

"Si les Brésiliens peuvent attendre un mois avant de faire des éclats un peu sociaux, bah ce serait bien pour le Brésil et puis pour la planète football, quoi"

**Michel Platini,** politologue

"À Lagarto, j'ai toujours vu des joueurs mettre des coups de coude aux autres, et pour moi, c'était normal. Avant de venir en Europe, je pensais même qu'il fallait s'entretuer sur un terrain"

**Diego Costa,** *free-fighter*

"Quand t'es compétiteur, Coubertin, tu le laisses à la maison"

**René Girard,** compétiteur

"Jeannot Tigana, on l'appelait 'le Don Quichotte du Mali' parce qu'il était toujours en guerre contre quelqu'un"

**Bernard Lacombe,** Sancho Panza

“Ce serait quand même un paradoxe que ceux qui sont dans les tribunes paient des impôts pour admirer sur la pelouse des joueurs pour qu’ils n’en paient pas plus! Si on laisse faire ça, le foot peut être le pire des symboles de la future société”

**François Hollande,** le futur c’est maintenant

“La Révolution française, ce n’était qu’un entraînement. Ça va finir par péter. La nature humaine est tellement nulle. Le monde est très superficiel. T’as qu’à voir les conneries qui passent à la télé. Tout est en toc, creux, vide et fric-fric-fric. On essaie de faire croire aux gens qu’ils peuvent devenir célèbres en deux minutes, on se fout d’eux. C’est comme sortir un cobra de son chapeau”

**Emmanuel Petit,** sans-culotte

“On ne fait pas de sport si on n’a pas d’idéal. S’il s’agit juste de gagner, alors entre sur le terrain avec des kalachnikovs”

**Christian Gourcuff,** idéaliste

“Diego Lugano, qui est notre capitaine mais avant tout un boucher, est allé récupérer le trophée du fair-play... Pour ceux qui ne connaissent rien au football, c’est un peu comme si l’on donnait le prix Nobel de la paix à Ben Laden”

**Loco Abreu,** amusé

“Le 11-Septembre, moi j’y vais dans les tours, y’a pas de souci, j’ai pas peur de mouiller le maillot”

**Laurent Leroy,** héroïque

"N'ayez pas peur de Ben Laden, car c'est une invention américaine pour combattre les Russes"

**Diego Maradona,** sous coke

"J'ai proposé une journée au golf, mais demandez à un Yougoslave, il ne sait même pas ce que c'est que le golf. Si je les emmenais en stage commando de pré-saison, mon joueur serbe tirerait sur mon Croate et mon Russe espionnerait tout le monde"

**Harry Redknapp,** casque bleu

"Dans ma chambre, il y avait deux perroquets. C'étaient des jouets. Ils me parlaient, on se racontait des blagues, mais leurs piles se sont déchargées. J'ai appelé un mec de l'hôtel pour les remplacer, mais il a replacé les perroquets dans un endroit différent. J'ai cru qu'ils s'étaient envolés, alors quand je les ai retrouvés, je les ai foutus sous la douche pour les punir. Ils n'ont jamais recommencé"

**Paul Gascoigne,** drôle d'oiseau

“J’ai trouvé une solution pour me détendre avant d’aller dormir: faire une petite partie de *Call of Duty*. Mon monde préféré, c’est celui des favelas: c’est là que je fais mes plus gros carnages”

**Pepe,** psychopathe

**“CERTAINES PERSONNES PENSENT QUE LE FOOTBALL EST UNE HISTOIRE DE VIE OU DE MORT. JE PEUX LEUR ASSURER QUE C’EST BIEN PLUS IMPORTANT QUE ÇA”**

**Bill Shankly**

“SI ON AVAIT SU QUE TOUT ÇA FINIRAIT PAR VOIR BARTHEZ EMBRASSER McDONALD'S”

**Jean-Luc Godard**

# HUMAN AFTER ALL

“Je ne suis pas un footballeur parfait. Si nous étions parfaits, il n’y aurait pas de femmes battues par leurs maris, pas de maris battus par leurs femmes et pas de parents maltraités par leurs enfants”

**Pepe** et la condition humaine

“Moi, je me considère comme un bouseux. Les bouseux et les gitans: ce sont avec eux que je m’entends le mieux. Si on se place en France, je pense que je pourrais bien m’entendre avec les Marseillais”

**Marco Materrazzi,** bouseux

“Ma passion, c’est le nettoyage, et je dois dire que j’adore passer l’aspirateur. Le désordre est le plus grand drame de ma vie, je déteste la saleté. Quand je vois qu’il y a un peu de laisser-aller, je prends mon balai et je m’y mets à fond. En fait, je n’ai pas peur de me salir les mains pour ce genre de trucs”

**David Beckham,** Super Nanny

"Ribéry? Dans la Bible, il est écrit qu'il faut savoir pardonner. Mais apparemment, en France, vous n'êtes pas capables de faire ça"

**Uli Hoeness,** bon samaritain

"Dites-moi pourquoi je ne vais pas pouvoir vivre sans une partie de mon cœur alors que d'autres arrivent à vivre sans âme?"

**Diego Maradona,** écœuré

"Pelé a tout ruiné, malgré son talent. En le voyant essayer de devenir le Jack Lang du Brésil, je me suis dit: il est con comme une valoche"

**Jean-Louis Murat,** déçu

“Deschamps, il a appelé son fils Dylan et il a l’intégrale de Sardou, le mélange des deux en fait un type imparable”

**Jean-Louis Murat,** très déçu

“Aucun livre ne dit: ‘Sors pas, tu marqueras quatre buts. Couche-toi à 19 heures, tu sortiras avec Claudia Schiffer’”

**Diego Maradona,** footballeur couche-tard

“Le jour où quelqu’un me prouve que manger un plat de pâtes permet de mieux ajuster les passes, faites-moi signe”

**Harry Redknapp,** top chef

"Pour l'opinion publique, un footballeur doit se coucher tôt, ne pas boire, ne pas fumer. Ne pas être heureux dans sa vie, quoi"

**Lotthar Matthäus,** hippie

"Le droit de grève, c'est un droit fondamental de la Constitution française. Mais aujourd'hui, depuis Knysna, les footballeurs n'ont plus ce droit"

**Pegguy Luyindula,** CGTiste

"C'est comme si j'avais reçu un coup de poing de Mohamed Ali, je n'ai plus de forces pour rien"

**Diego Maradona,** le lendemain de l'élimination contre l'Allemagne (0-4), qui signe aussi la plus lourde défaite de l'Argentine en coupe du monde depuis 36 ans, Diego réalise enfin: comme entraîneur, il est nul

# "J'ai rencontré Maradona au stade. Il ressemblait plus à un petit gros qu'à une légende"

**Francis Ford Coppola,** catégorique

"Le football, c'est 60% de travail, 20% de chance, et 20% de malchance. Parfois, tu penses que tu contrôles le match, mais c'est faux, tu ne contrôles rien du tout"

**Hector Cuper,** loser

"Ça fait quelques années maintenant que je fais pipi dans mon urinoir fétiche. Au départ, mes coéquipiers étrangers ne comprenaient pas pourquoi j'attendais qu'ils finissent de faire leurs besoins alors qu'il y avait d'autres toilettes libres. Ils trouvent ça étrange, mais ils respectent mes habitudes, donc c'est cool"

**John Terry,** dame pipi

“Celui qui dit qu’il ne s’est jamais chié dessus avant un match ment”

**Juan Sebastian Veron,** incontinent

“Beaucoup de joueurs ont le même problème: ils pètent beaucoup mais ne chient jamais”

**Alfredo Di Stefano,** gastroentérologue

“Le Barça, ils font comme toutes les grandes équipes: ils ne sont fair-play que quand ils mènent. Ils n’aiment pas perdre”

**Mircea Lucescu,** Roumain

“Avant, les mecs avaient peur de la blessure. Maintenant, ils ont même peur du tacle”

**Vinnie Jones,** dur au mal

“J’ai posé à Drogba des questions sur la mentalité africaine: *‘Quand tu es blanc et que tu t’apprêtes à débarquer dans un pays où il y a 45 millions de Noirs, tu dois savoir comment on va t’accueillir’*”

**Hristo Stoitchkov,** prévenant

“Au Barça, les gardiens sont formés avec l’idée qu’ils ont aussi des pieds”

**Andoni Zubizarreta,** bipède

“Jean-Michel Larqué, c’est le premier Blanc que j’ai vu jouer pieds nus, ça m’a marqué”

**Florent Malouda,** nouvel explorateur

“Les cracks sont des gens qui ont de l’intuition. Or, l’intuition est l’expression rapide de l’intelligence. Il ne faut jamais sous-estimer l’intelligence sauvage des footballeurs”

**Jorge Valdano** vole au-dessus d’un nid de coucou

“À mon avis, si vous faites trop réfléchir les joueurs, ils perdent leur talent. Certains joueurs absorbent toutes les informations que vous leur donnez et essaient de tout exécuter. Mais certains n’aiment pas que vous leur parliez trop”

**Frank Rijkaard,** pédagogue, mais pas trop

“Je crois que j’ai mis au monde un abruti fini incapable de réfléchir”

**Sue Cole,** la mère d’Ashley Cole

“Quand j’ai appris que j’allais être père à 19 ans, j’avoue que j’étais perdu. Je n’étais pas prêt. J’ai pleuré, j’avais peur”

**Neymar Junior,** angoissé

“Paul le Guen a quand même l’air malade… Je ne citerai pas la maladie mais vous avez vu *Philadelphia*?”

**Éric Judor,** HIV-HOP

“Juste pour confirmer à tous mes *followers* que je viens de subir une transplantation capillaire”

**Wayne Rooney,** fier

“Qu’est-ce que tu veux que ça me foute?”

Réponse de **Roy Keane** à John O’Shea,
son coéquipier à Manchester United et en équipe d’Irlande,
qui lui communiquait son nouveau numéro de téléphone

“Je ne suis pas d’accord qu’un homme vive avec un homme ou une femme avec une femme”

**Alex,** homophobe

“Cette couleur ne me plaît pas parce qu’en France, c’est la couleur des gays”

**Didier Deschamps,** à propos du maillot rose de la Juventus Turin du temps où il en était le coach

“Quand on ne sait pas, on a peur”

**Cantona,** clairvoyant

“Quand on est un enfant et qu’on ne fait pas de sport, particulièrement de football, je pense qu’on rate quelque chose”

**Raymond Depardon,** plein de clichés

# “ON NE JOUE PAS AU FOOT AVEC LES PEC’... ”

**Zinedine Zidane,** N°10

“SI LE FOOTBALL C’ÉTAIT SEULEMENT COURIR, AU LIEU DE PARLER DE MOI ET DE PELÉ, ON SERAIT EN TRAIN DE PARLER DE BEN JOHNSON ET CARL LEWIS”

**Diego Maradona,** N°10

# LOCO BIELSA

## “Courir, tout le monde peut le faire. Créer, peu de monde sait le faire”

Marcelo Bielsa, créateur

# “Le football est moins dramatique quand il est pratiqué par ceux qui savent”

Marcelo Bielsa, metteur en scène

## “Les changements doivent se faire dans les victoires, pas dans les défaites. Dans l’adversité, il faut observer”

Marcelo Bielsa, observateur

“Depuis que je suis entraîneur, j’ai dû regarder 25 000 vidéos de matchs. Ça m’a permis de trouver 28 manières de bâtir une équipe, 11 moyens d’arriver rapidement aux cages adverses et 17 routines défensives. Pourtant, seule une victoire suffit à rendre les gens heureux”

Marcelo Bielsa, entonnoir

**"Pour moi le football, c’est tout. Je pense football, je parle football, je lis football mais c’est une vie qu’on ne peut pas vivre éternellement. C’est pourquoi j’aimerais modérer cette passion"**

Marcelo Bielsa, passionaria

# “J’ai toujours su que j’étais moyen et médiocre”

Marcelo Bielsa, autocritique

“Le football peut se passer de tout. Il peut survivre sans entraîneurs, sans dirigeants, sans footballeurs et sans spectateurs. Mais il ne peut pas survivre sans blasons, parce que c’est la seule chose qui émeut encore les gens aujourd’hui. Tout ce que le football génère, c’est de l’émotion. Le but de ce sport, c’est de capter l’émotion de celui qui pleure lorsque son équipe gagne ou perd”

Marcelo Bielsa, puissant

**"Si mon joueur ne va pas sur l'un des 220 centres que je lui fais, je le tue. Je dois lui faire sentir que c'est comme s'il avait violé une femme"**

Marcelo Bielsa, loco

"Je suis partisan d'un football dynamique et moins posé. Parce que je suis anxieux. Et parce que je suis aussi argentin"

Marcelo Bielsa, Sud-Américain

"Pour s'améliorer, il faut s'ennuyer"

Marcelo Bielsa, stakhanoviste

**"Je préfère que personne ne me connaisse plutôt que d'être connu pour des mauvaises raisons"**

Marcelo Bielsa, héros malgré lui

**"Les entraîneurs ne sont que les conteurs de l'expression des meilleurs joueurs"**

Marcelo Bielsa, griot

**"Les grands leaders parlent peu"**

Marcelo Bielsa, tête baissée

"Dès qu'on stimule la vanité de quelqu'un, on l'affaiblit"

Marcelo Bielsa, vibrant masseur

**"Les entraîneurs interviennent beaucoup moins que ce que l'on croit sur l'éclat des footballeurs"**

Marcelo Bielsa, inutile

# Cinéma PARADISO

“Il n’y a pas de fils de footballeur, mais il y a des fils d’acteur: c’est bien la preuve que c’est plus facile de faire acteur. Bah ouais”

**François Damiens,** footballeur frustré

“J’ai deux yeux, pas 20 caméras”

**Pierluigi Collina,** caméra de sécurité

“On était partis dans l’optique de faire des scènes de foot mais bêtement, on n’avait pas envisagé de faire les acteurs. En fait, le scénario était aussi épais que *Guerre et Paix*”

**John Wark,** à propos du tournage du film, *À nous la victoire*

# “Une équipe qui traite bien le ballon, traite bien le spectateur”

**Jorge Valdano,** traiteur intraitable

“Maradona, qu’importe ce qu’il fait, il peut chier dans le coin, les gens vont venir bouffer son caca”

**Alejandro Gonzalez Inarritu,** gastronome

“Je pense avoir naturellement la présence pour me faire pénétrer par la caméra”

**Éric Cantona,** acteur

“Un film sur le foot sans foot, c’est comme un porno sans pipe”

**Xavier Beauvois,** non-fumeur

# MARADONA

"J'aurais pu être plus mauvais footballeur que Pelé"

Diego Maradona, taquin

"J'aime cogner les gens quand ils ont les deux mains en l'air. Quand ils les ont en bas, j'aime mieux les aider"

Diego Maradona, ascenseur social

**"Moi, j'ai grandi dans un quartier privé. Privé d'eau, de lumière, de téléphone"**

Diego Maradona jongle aussi avec les mots

“C’était un beau but, mais pas une splendeur. Raquel Welch est une splendeur, pas un but !”

Diego Maradona, juge de ligne

"Arrivé dans la surface et ne pas pouvoir tirer au but, c'est comme danser avec sa sœur"

Diego Maradona, frustré

“Je n’ai rien contre les homosexuels, je suis même pour, parce qu’ils laissent les machos comme nous profiter des filles qu’ils ne veulent pas”

Diego Maradona, renard des surfaces

“Passarella veut que les joueurs se coupent les cheveux parce qu’ils se les touchent beaucoup. Les couilles, il leur demanderait de se les couper aussi?”

Diego Maradona, excessif

**"La différence entre l'Italie et l'Argentine est la suivante: l'Italie se préoccupe de repérer nos points forts pour pouvoir nous stopper. Nous, on étudie leurs points faibles pour leur mettre des buts"**

Diego Maradona, expert en géopolitique

"Au début, la drogue te rend euphorique. C'est comme si tu remportais le championnat. Et là tu te dis: *'On s'en fout de demain, si aujourd'hui je suis champion'*"

Diego Maradona, stone

"En Argentine, ils ne devraient pas me dire que je ne sers pas d'exemple, parce qu'ils sont tous aussi sales que des bidets"

Diego Maradona, vexé

**"Un peu avec la tête de Maradona, un peu avec la main de dieu"**

Diego Maradona, auteur à succès

"Jouer à huis clos, c'est comme jouer dans un cimetière"

Diego Maradona, Lazare

**"À la clinique, lorsque j'étais interné, certains se prenaient pour Robinson Crusoé, d'autres pour Napoleon, et moi, personne ne me croyait lorsque je leur disais que j'étais Diego Maradona"**

Diego Maradona, Dr House

**"Je ne crois pas toujours en moi, mais je crois toujours en Diego"**

Dieu, lui même (propos apocryphe)

"LE BALLON EST UNE BELLE CHOSE, MAIS IL NE FAUT PAS OUBLIER QUE C'EST UN MORCEAU DE CUIR REMPLI D'AIR"

**Giovanni Trapattoni,** frère Montgolfier

# Compo

# A

**Pancho Abardonado** – Gitano
**Éric Abidal** – Crise de foie
**Loco Abreu** – Panenka uruguayen
**Kun Agüero** – Le gendre de D1OS
**Alex** – Panzer brésilien
**Carlo Ancelotti** – Mister amer
**Andreï Archavine** – Tsar Wars
**Fernando Arrabal** – Grand Rectum 2011
**Faustino Asprilla** – Moto colombienne

# B

**Mario Balotelli** – Artificier nerazzurro
**Xavier Beauvois** – Des hommes et des dieux, et des ballons
**David Beckham** – Pied droit
**Franz Beckenbauer** – Kaiser sans Söze
**Rafael Benitez** – François Hollande en survêt
**Karim Benzema** – Ami pour la vie
**Jean-Pierre Bernès** – Agent provocateur
**George Best** – Pelé Good, Maradona Better
**Carlos Bianchi** – Larry David argentin
**Marcelo Bielsa** – Plus folle la vie
**Laurent Blanc** – Touillette humaine

**Sepp Blatter**–Prix Nobel de la paix
**Booba**–Petit ourson OKLM
**Gianluigi Buffon**–Gigi l'amoroso
**Germain 'Mono' Burgos**–Goal qui perd
**Emilio Butragueno**–Quinte flush

# C

**Claudio Caniggia**–Vraie blonde
**Éric Cantona**–Capitaine de chalutier
**Fabio Capello**–Emprunt russe
**Roberto Carlos**–Joujou de Bernard Mendy
**Charb**–Victime de la bêtise
**Aly Cissoko**–Allez, deux sokos maxi
**Francis Ford Coppola**–Vigneron
**Sue Cole**–Perdue dans Manhattan
**Pierluigi Collina**–Épilation intégrale
**Diego Costa**–Moi moche et méchant
**Hernan Crespo**–Ventouse argentine
**Peter Crouch**–Javelot Anglais
**Johan Cruyff**–Fumer tue
**Hector Cuper**–Loser magnifique

# D

**François Damiens**–Embrouilleur
**Mustapha Dahleb**–Fennec plus ultra
**Alessandro Del Piero**–Caillou 24 carats
**Alou Diarra**–Autre grand 6
**Lassana Diarra**–Mi-lieu de terrain, mi-Beluga
**Paolo Di Canio**–Dulce vita
**Antonio Di Natale**–C'est l'histoire de Toto...
**Souley Diawara**–Défenseur happy hour
**Nicolas Dieuze**–Ni Dieuze, ni maître
**Kevin De Bruyne**–Diable roux
**Raymond Depardon**–Quasi Gérard
**Didier Deschamps**–Mon fils s'appelle Dylan
**Marcel Desailly**–Forfait illimité
**Raymond Domenech**–Père Denis
**El Hadji Diouf**–El Hadji Ouf
**Fernando Sanchez Drago**–Méchant dans Rocky
**Didier Drogba**–Fucking disgrace
**Nicolas Duvauchelle**–Une femme pour la nuit, PSG pour la vie

# E

**Fabrice Éboué** – Modèle capillaire de Kev Adams
**Unai Emery** – Se fait une toile
**Samuel Eto'o** – Plus vieux footballeur du monde
**Patrice Évra** – Taupes hunter

# F

**Cesc Fabregas** – Testeur de mulet
**Rio Ferdinand** – Cousin de Les
**Sir Alex Ferguson** – Guy Roux anglais
**Alain Finkielkraut** – Foot en noir et blanc
**Diego Forlan** – Serre-tête made in Uruguay
**Stephen Frears** – Milos Forman anglais

# G

**Noel Gallagher** – Oasis in the City
**Paul Gascoigne** – Pinte sur pattes
**André-Pierre Gignac** – De Burger King à Taco Bell
**Jesus Gil y Gil** – Escroc mais pas trop
**René Girard** – Anthropologue du ballon rond
**Olivier Giroud** – Détendu du slip
**Alain Giresse** – Bordeaux millésimé
**Glenn Hoddle** – Le Huitième Jour
**Christian Gourcuff** – Prof de foot

**Xavier Gravelaine** – Guide du routard
**Antoine Griezmann** – Espagnol LV1
**Pep Guardiola** – Philosophe voyageur
**Eidur Gudjonhsen** – À Thor et à travers
**Doc Gyneco** – Plus passement de joints

# H

**Romain Hamouma** – Cyril en short
**Thierry Henry** – Anaconda
**Werner Herzog** – Klaus combat
**Uli Hoeness** – Hernie fiscale
**Roy Hodgson** – Entraîneur anglais. Oui, ça existe.
**François Hollande** – Supporter du FC Rouen
**Pavel Horvath** – Pavel la vie

# I

**Zlatan Ibrahimovic** – Armoire Ikea
**Julio Iglesias** – Chanteur pour dames
**Alejandro Gonzalez Inarritu** – Un Oscar pour Léo
**Alex Inglethorpe** – Scouse toujours
**Trifon Ivanov** – Danse avec le loup

# J

**Christian Jeanpierre** – Amateur de rugby
**Ulrika Johnson** – Sextoy de Sven-Goran Eriksson
**Vinnie Jones** – Roy Keane 1.0
**Seu Jorge** – Fla-Flu
**Éric Judor** – Agent EDF

# K

**Salomon Kalou** – Frère de Bonaventure
**Bonaventure Kalou** – Frère de Salomon
**Roy Keane** – Tondeuse à genoux
**Mario Kempes** – Plombier des défenses
**Antoine Kombouaré** – QSG l'a tuer

# L

**Bernard Lacombe** – Secrétaire de Jean-Michel Aulas
**Jean-Michel Larqué** – À droite, à droite!
**Henrik Larsson** – Celtic boy
**Ezequiel Lavezzi** – Paris dernière
**Franck Lebœuf** – Lui, c'est le bœuf
**Jean-Marie Le Pen** – Père et grand-père d'une certaine idée de la Rance

**Laurent Leroy** – Famille à problèmes
**Juan Manuel Lillo** – Guardiola 1.0
**Hugo Lloris** – Livide
**Joachim Löw** – L'autre mèche allemande
**Mircea Lucescu** – Triomphe roumain
**Peguy Luyindula** – Ici c'est Péguy

# M

**Florent Malouda** – +1 de Drogba
**Diego Maradona** – Ancien Régime
**Marco Materrazzi** – Beau-frère de ZZ
**Lothar Matthäus** – Punching-ball de Lizarazu
**Cesar Luis Menotti** – Entraîneur sans filtre
**Lionel Messi** – Phobique administratif
**Yohan Mollo** – CR7 français
**Moundir (de Koh-Lanta)** – Éduqué de merde
**Viggo Mortensen** – Aragorn à San Lorenzo
**José Mourinho** – Very Important Portuguese
**Thomas Müller** – Le roi du barbecue
**Jean-Louis Murat** – Pigiste à *SoFoot*

# N

**Samir Nasri** – Journalistophobe
**Naya** – L'abeille
**Gary Neville** – Habite un couloir étroit et obscur
**Neymar Jr.** – Robinho du riche
**Oscar Niemeyer** – Le Corbusier communiste
**Louis Nicollin** – Poubelle la vie
**Thomas Ngijol** – Ex-attaquant du Jamel Comedy Club
**Pascal Nouma** – Turkish Delight

# O

**Pascal Olmeta** – Corse fluorescent
**Orelsan** – Rappeur féministe
**Juan Carlos Osorio de Castro** – Colombien ou bien
**Abdeslam Ouaddou** – Son nom c'est Ouaddou, pas l'autre

# P

**Pepe** – Du genre à pousser mémé dans les orties
**Pedro Pedrucci** – Meilleur pseudo du monde
**Reynald Pedros** – Gentil poussin
**Pelé** – Pas tondu

**Emmanuel Petit** – *Un an déjà* feat. Sophie Thalmann
**Alessandro Piperno** – Fan de Proust
**Frédéric Piquionne** – Sans Vert Gone
**Mauricio Pochettino** – Ma femme s'appelle Mauricio
**Benoît Poelvoorde** – Pot Belge
**Michel Platini** – Résident suisse

# R

**Adil Rami** – Stoppeur en échec
**Harry Redknapp** – N'a toujours pas rencontré Sally
**Franck Ribéry** – Immigré de l'intérieur
**Frank Rijkaard** – Milan AAC
**Gianni Rivera** – L'Italiano vero
**Romario** – Prequel de Kun Agüero
**Cristiano Ronaldo** – Mébientrosexuel
**Ronaldo** – Usain Bolt du gros
**Wayne Rooney** – Roux de secours
**Gianni Rossi** – Série C
**Guy Roux** – Gros bonnet
**Ian Rush** – Movember

# S

**Olivier Sadran** – Ex-futur Jean-Michel Aulas
**Mamadou Sakho** – Titi parisien
**Ryad Sattouf** – Arabe du futur
**Dodo la Saumure** – Passeur décisif
**Clarence Seedorf** – L'aile et la cuisse
**Philippe Seguin** – Panda triste
**Bill Shankly** – Bien plus que cela
**Alan Shearer** – Mary Poppins
**Diego Simeone** – Mime Marceau
**JoeyStarr** – Nique ta mère
**Alfredo di Stefano** – Vieux bon
**Rod Stewart** – Chaussures noires avec une grande blonde
**Hristo Stoitchkov** – Gauche forte
**Gordon Strachan** – Farfadet roux
**Coco Suaudeau** – À la nantaise

# T

**Said Taghmahoui** – Roi du désert
**John Terry** – À moitié dans ton lit
**Lilian Thuram** – Malcolm X français.
**Fernando Torres** – Sandrine Kiberlain
**Francesco Totti** – Romulus + Rémus

**Giovanni Trapattoni** – Marque de pâtes
**David Trezeguet** – Bi-national toléré
**David Trueba** – Savoir perdre

# V

**Tony Vairelles** – And Guy
**Jorge Valdano** – Omar Da Fonseca qui a réussi
**Mathieu Valbuena** – Small bike
**Juan Sebastian Veron** – Roméo et Juliette
**Mark Viduka** – Kangourou croate
**Patrick Vieira** – Grand Corps malade
**David Villa** – Jean-Pascal espagnol

# W

**John Wark** – Entre John Woo et Tsui Hark
**Arsène Wenger** – Sur le départ

# Z

**Zahia** – Mauvaise passe
**Zdenek Zeman** – 4-3-3 Marlboro
**Éric Zemmour** – Meilleur ami de la femme
**Zhou Y** – Facteur X
**Zinedine Zidane** – The Artist

# Schéma tactique

Achevé d'imprimer en Union Européenne par Leporello